MANUAL DE SOBREVIVÊNCIA PARA SUICIDAS

NICK FAREWELL

MANUAL DE
SOBREVIVÊNCIA
PARA SUICIDAS

DEVIR LIVRARIA

© 2010 Nick Farewell
1ª edição: Julho de 2010

EQUIPE DE REALIZAÇÃO

Capa	Mr. F. a partir do raio x de Nick Farewell
Diagramação	Mário César
Revisão	Glória Flores
Editor	Douglas Quinta Reis

Dados Internacionais de Catalogação na Publicação
(CIP)(Câmara Brasileira do Livro, SP, Brasil)

Farewell, Nick
Manual de sobrevivência para suicidas /
Nick Farewell. -- São Paulo : Devir, 2010.

1. Poesia brasileira I. Título.

10-06446   CDD-869.91

Índices para catálogo sistemático:
1. Poesia : Literatura brasileira 869.91

ISBN: 978-85-7532-426-4

Todos os direitos reservados e protegidos pela Lei 9610 e 19/02/1998.
É proibida a reprodução total ou parcial, por quaisquer meios
existentes ou que venham a ser criados no futuro
sem autorização prévia, por escrito, da editora.

Todos os direitos desta edição reservados à

DEVIR LIVRARIA

BRASIL
Rua Teodureto Souto, 624
Cambuci - São Paulo - SP - Brasil
Caixa Postal 15239 - CEP 01599-970
Fone: (011) 2127-8787 - Fax (011)2127-8758
E-mail: hqdevir@devir.com.br

PORTUGAL
Pólo Industrial - Brejos de Carreteiros
Armazém 2, Escritório 2 - Olho de Águia
2950-554 - Quinta do Anjo - Palmela
Fone: 212 139-440 - Fax: 212 139-449
E-mail: devir@devir.pt

visite nosso site: www.devir.com.br

PREFÁCIO

Um poema, qualquer bom poema, ressoa com o leitor.
É como se algo estivesse já escrito, algo vivo, que desce e se espalha no papel.
Ao ler, nossa solidão diminui, estamos acompanhados, e paradoxalmente aumenta...
É como se parte de todas as almas estivessem sempre estado juntas em alguma dimensão.
Como se um testamento ancestral fosse o destino de todos os nossos sentimentos.
Uma emoção tem norte?
Os asiáticos escrevem em colunas, árabes vêm da direita, ocidentais da esquerda.
Já se sabe que não é a métrica, nem a rima, que constroem um poema, sobra a pergunta:
Poemas têm direção?
De que sentido vêm os poemas?
Será que têm um centro e dali se espalham?
Será que vêm de uma superfície para mergulhar no profundo?
Curiosamente, descobriu-se mais tarde, muitos poemas de Nick Farewell funcionam também se lidos de baixo para cima.
Há quem creia sejam ainda melhores pelo "in-verso".
As obras involuntárias do poeta surpreendem.
Será que o despertar de cada emoção já guarda seu fim?
Será que a urgência da paixão é função de seu antecipado final?
Começo?
Fim?
Tempo?
Eternidade.

Mauro Martinez dos Prazeres.

A três amigos e um bar

À minha irmã
Kyung Ha Lee

Ela não se importa mais se o seu cabelo perdeu a cor
Ela não se importa mais se as suas roupas saíram de moda
Ela não se importa mais se sua mãe a sacode, grita ou a maltrata

Ela não se importa mais se chove ou faz sol
Ela não se importa mais se a sua música favorita toca na rádio

Ela não se importa mais se pode ou não sair de tudo e de todos
Ela não se importa mais se está viva ou morta
Ela não se importa mais se tem um nome ou tem para onde ir
Ela já não se importa mais se pode viver tudo de novo
Ela realmente não se importa se é capaz de riscar o seu próprio pulso

Ela não se importa mais se não tem mais amigos
Ela não se importa mais se ainda pode rir ou chorar
Ela não se importa mais se pode andar, correr ou ficar parada
Ela já não se importa mais se a noite tem um fim
Ela já não faz mais a menor questão de saber
Se o seu coração bate ou não

Ela só sabe que é um sentimento sem fim
Que começou devagar,
Triste, triste, triste
De repente, louco
Dilacerando tudo
Ficando aprisionada em seu próprio corpo
Sangrando por todos os poros

De modo que agora,
Ela não se importa com mais nada

1/3 de gripe, 1/3 de remédio, 1/3 de lucidez
Uma melancolia dopada de felicidade
Paradoxo de quem a comunicação é cura
Mas a aceita como um remédio amargo
Posologia, contra-indicação, efeito colateral
Automedicação

Estranha reação é a química do amor
Será todo relacionamento humano
Sinapse interminável de um complexo sistema nervoso?
Sim. Não. A cada 24 horas

Estarei realmente doente?
O cotidiano me faz rir
A solidão me faz chorar
E o amor me faz doente

A sensação de falta de ar
Que desaparece como uma espécie de autocomplacência
Me deixa sempre oscilando no termômetro
Febre. Ainda que imperceptível
A noite que me lembra o estado de coma

Quando acordar de manhã
Como poderei ter certeza de que
Essa noite de amor
Não passou de um delírio?

DE SI PARA SI

Um sentido tênue
Um amor vago e distante
Sem nenhuma intenção de felicidade

Um vazio sem remorsos
Um imenso mundo contínuo
A espera de um despertar alheio

Que transformasse um belo rosto em amor
Algum tipo de existência em esperança
Nada que me lave por completo
Mas o que faço, se nem o amor já não me salva mais?

Sorriso amargo pelas boas intenções
As minhas transparências fingidas, sem controle
Meus lamentos pela falta de posse
Minhas tolices de solidão

Por que ninguém me beija com a convicção de amor?

Gangorra pendendo para sempre
Será inocência realmente sádica?
Dá-me um demônio para amar
Pois as virgens carecem de alma

E nada se pesca no mercado da vida

RECITAL

Fique!
Desperte-me da insônia
Arranque de mim essa apatia que me consome
Destrua essa angústia, que me enlouquece
Tire da minha boca o gosto amargo da saudade

Fique!
Reclame a posse do que é seu
Entregue-me ao sacrifício em nome do amor
Enterre sua lâmina no meu peito
E diga-me o que é meu por direito
O eterno nos pertence nesse espaço em vida
Mate-me com seu gesto de amor

Fique!
Essa noite solitária que me convida para a morte
Quando você for, as estrelas despencarão
A minha janela há de fechar-se
E estarei perdida para todo o sempre

Fique!
Porque com você faz sentido
A minha vida em gotas faz-se oceano
"Sou a mais bela das criaturas"

Por favor, fique!
Aqueça-me esta noite
Faça-me esquecer que existe o amanhã
Abrace-me forte
E que termine a minha existência nos seus braços
E assim, um, apenas por um momento
Acredite no meu último suspiro
Amo você, fique

JOYCE, THE MANN

We sky. I AM. False cognate.
Embriaguez é o que vi da outra margem. A eterna travessia entre
o amor e o desejo,
Amor te ou erro.
                    Sua vez. Toque! Toque! Toque!
Entre. Não obrigada. Prefiro a mentira.
Amén. Tira gosto amargo ou perda ou a Deus.
A Deus não existe. Insiste A.D. Eus.
Complexo. Com pleno sexo. In certeza. Me dóeu mais. Pois, de
pois, over dadeiro amor causa náuseas.
                    Vem cá usar dor.
                    Ambos satisfeitos, I too.
Suspirou, obsceno, repugnante, imundo... belo!
Já me sujou sim.

Na espera da concepção da vida, na qual espelhou a luxúria car-
nal, vi brotar uma esperança de morte súbita para que a própria
respiração encontre um sentido no único e exato momento.

Efêmero como homem, muito breve como Deus, encontrar o
amor na morte e na velocidade da perda da consciência, quando
a vida esvair sem receios, no instante do último sim, revelar-se-á
a eternidade, o tempo do homem que morre, o tempo do homem
que ama.
                    Sim. *Eu disse sim. Eu quero sims.*
                    Oh meu Deus vi da morte amor....
                    We sky. Hellp me!!!

RUNNING TO UNDERSTAND STILL

Ainda não passou
Mas jurei que um dia me curaria
Consertaria as minhas asas quebradas e voaria
Um dia vou retirar essa espinha que tanto machuca o meu coração

Às vezes, ouço ela gritar por mim
Tento tapar os meus ouvidos e cantar bem alto
Mas ela me chama e de alguma forma eu vou
Sempre estou com ela sem estar
E magoo-me cada vez que amo

Suspiro no seu ouvido
Pedindo uma razão
E eu vou me explodindo
Cada vez que seus olhos brilham de ódio
Tudo é lembrança
Tão distante, quanto difícil
Mas tornaria tão fácil, se nós silenciássemos
E víssemos a compreensão
De que somos irremediavelmente uma única pessoa

Salve-me da minha corrida insana para ficar parado
Como é estranho ter que correr
Para permanecer com você

Eu vou explodindo
O meu sangue fervilhando
Vou correndo
Para lembrar de tudo e de todos
Mas o que devo viver
Se o meu amor já não é mais terreno?

Ela chora porque não compreende as suas tristezas
Não entende porque alguém corre pela sua alma
Chora porque já não sabe mais amar

Mas se saem para lados opostos
Um dia hão de se encontrar
Um de tanto correr
O outro de tanto permanecer parado
E quando se encontrarem, ambos compreenderão
Vão esquecer todas as diferenças
Desfazer todo o ódio
Abandonar todos os receios
E continuarão parados
Mas sabendo que estão correndo um ao encontro do outro
Para quem sabe
Um encontro de verdade

NO ALTO DA RUA

A solidão corre pela veia dos homens
É um cair da tarde, toda insossa, afundar-se no sofá da sala
Sem palavras, sem remorsos, nem olhares
Uma sensação de estar numa cidade estrangeira
E que a noite nunca vai chegar
Ninguém desconfia que amanhã espera um outro mundo

O tempo se suspende sem que se saiba como
Um quadro da infância, reproduz as ruas
E transforma os homens em observadores

O crepúsculo de cor azul que cai cinzindo tudo,
O andar apressado de transeuntes,
A coincidência de quem passa mas não deixa motivos

Esqueçam a vida, tudo se resume na rua que se estende até onde
sua vista alcança

Uma conversa amigável que não se ouve
Tudo somente intenções
Sem som, nem fúria
É tudo que passa ou consegue reter
Ou alguém que virando de costas desaparece pela esquina da rua

É até onde tudo vai
A rua que se estende até onde a vista alcança

PERSONAGEM

Uma vida, uma morte, um amor.
Eu acho justo.

Ame-me bem devagar
Como compasso dessa canção
Como cartas escritas à luz de vela
Como quem dança desajeitado com medo de errar

Cante uma canção ao anoitecer
Para que eu possa acordar do dia
Porque à noite, eu não quero sonhar

Sonhos ruins eu tenho, quando não estou com você
Sei que você também amarga uma vida ingrata sem mim

Mas cante a música que quiser
Hoje serei o seu par

Dance, dance, dance sem parar
A noite inteira, a vida toda
Ao fim, eu juro que vou encontrar uma saída
Enquanto isso, divirta-se
Cante-me uma canção
E conceda sua mão para uma dança lenta

EU DESENHO VOCÊ COM PALAVRAS

Eu olho profundamente nos seus olhos
Quero enxergar o que os outros não veem
Quero entender o seu motivo de ser triste em segredo
Quero ver o que está por trás dos seus olhos
Por que tem tanto prazer em ser triste?
Mas, por que você tem tanta vida
Escondida, empilhada e desprezada?
O que você quer contar?
Para quem você quer contar?
Por que não se importa?
Por que o seu segredo se parece tanto com o meu?

LOVE'S LARBORS LOST

Tudo foi amado e perdido
Como uma promessa não cumprida
Agora terei que andar pelas
ruas desconhecidas, sozinho

Assobios de uma nota falsa
A alma embrutecida de tanta
tristeza

Como é dissonante essa vida
Onde encontro uma música
Que posso tocar todos os dias?

DESEJO

Leve-me ao rio profundo onde minha alma possa descansar
Porque a vida se esvai no sentido horário e o amor no anti-horário
Leve-me ao rio profundo onde minha alma possa descansar

Eu, que levo uma vida sem sentido
Indique-me o caminho do rio onde possa minha alma mergulhar

Homens nadam contra a correnteza
Eu quero é ser levado pelo rio
Desejo a água em vez de ouro
Faça-me um tolo, um ridículo alheio
Eu pertenço à água, não aos homens

Ó guardião das águas, leve-me ao rio profundo
Porque a dor somente pertence aos homens
Leve-me ao rio profundo
Junte a minha alma com as pedras
Dilua-me com as águas e outras mil almas
Para que eu possa rodopiar no sentido que bem desejar

Anda, leve-me ao rio profundo
Deixe que eu mergulhe bem devagar
Esquecido de tudo, feliz
Não pertenço aos homens
Depressa, leve-me ao rio profundo, onde minha alma possa mergulhar

Da reminiscência de todos os meus amores
Se devesse eleger apenas um
Com que fragmento ficaria?

Eu que fiz de cada amor uma promessa eterna
Que nome escreveria na minha lápide fria?

De todas as minhas lembranças
Se pudesse escolher as melhores intenções
E fundisse em um único sentimento
Será que ainda poderia completar
Uma fração inteira do amor?

MÚSICA

Dê-me um dó porque não sei cantar.
Dê-me um si menor porque tenho pena de mim mesmo.
Dê-me qualquer sustenido porque o meu sonho é andar nas nuvens.
A partitura só tem cinco linhas e eu não sei preencher.

VILA FELIZLÂNDIA

Uma rua de chão batido
Cor de salmão
Parede de barro
Um cachorro sem coleira
Vila Felizlândia

Eu vou, mas fico sentado
Eu ando, mas fico parado
Ninguém me pergunta nada
Ninguém me enche o saco
Todos me amam
E eu conto histórias
O dia cai e a noite chega e não me sinto sozinho
Me sinto sozinho mas fico feliz
Me dê uma água com gosto de vinho
Que eu conto histórias até amanhecer

Nesses dias de verão
Durmo feliz, porque o chão é de cor de salmão
E vejo um cachorro sem coleira
É onde nasci e nunca poderei morrer
Nem preciso sorrir
Aqui estou a vida toda
Vila Felizlândia

Minha tragédia pessoal inclui um sim
Ver mas não pode ser visto
Arranjo cego é a minha vida alheia
Tateio seu rosto procurando o meu
Esperando que o espelho tivesse o eco da afirmação

Sinto o que não pode ser sentido
Digo o que não pode ser dito

Ó desvario, fantasia da identidade
Confirme a minha triste esperança
De ser semelhança divina
Toco o que não pode ser tocado
Beijo o que não pode ser possuído
Mato o que não pode ser morto

ASSIM...

Ficou em silêncio
Como se soubesse da impotência
Calou-se lentamente
Como se a tristeza fosse a sua condição

Nada disse
Apenas perguntou pelo meu bem-estar
Sorriu complacente, embora triste

Eu quis compartilhar a solidão
Assim como dividiu a sua história
Quis abraçá-la
Mas a solidão também era minha

Partiu, como toda imperfeição
Amor é um tempo atrasado
Ter saudade do impossível
Será indissolúvel a nossa ilusão de solidez?
Por que não pode haver encontro
Senão o impossível?

Foi-se o silêncio
Porque soube da impotência
Um estranho arrependimento ficou
Porque descobri que a tristeza
É a nossa condição
E o amor é um tempo mais que atrasado

Vem flutuar comigo, querida
Faz de conta que estamos num Cadillac 1954
Sorria
Olhe para mim como soubesse
Eu amava você desde outra vida

O que mais um homem pode querer
Meu carro e minha garota
Deus vai simplificar a vida esta tarde
Só precisamos sentir o vento nos rostos
E a minha promessa para todo o sempre
Sorria para mim como soubesse

Vem flutuar comigo, querida

Desde que deixei de te amar
Ando confuso
Palavras vão e vêm
Como as pessoas ao meu redor
E a minha vida de disco arranhado
Insiste em tocar sempre a mesma melodia

No descompasso do coração
O meu pulso enfraquece
Como a vela que sibila
Ao menor sinal de esperança
Uma batida mais forte poderia
Reavivar a minha vida

Quantas faixas faltam para o gran-finale?
Quantas voltas são necessárias para a última canção?

Se tocassem todas as músicas de trás para frente
Se eu entoasse todas as letras
como um mantra suicida
Se eu desejasse todos os sonhos
em códigos binários e em notas musicais

Os meus sentimentos decifrados em altos e baixos
Todos os meus amores em longos e breves
Toda minha vida em curto e contínuo
Em que rotação deveria tocar a minha sinfonia de notas dissonantes?

Uma resposta em beijos desmedidos
Uma intenção de felicidade em ingênuas carícias

Uma volta
Mais volta
Outra volta

Para onde foi a minha grandeza?
Fumaça a rodopiar no ar viciado
Copos vazios em bocas amargas
Onde foi parar a infelicidade que estava sentindo?
Fatalidade. A água que inundava os meus olhos
Onde foi verter tanta desesperança?

Amanhã, uma vida
Um novo amor
Da velha melodia esquecida
Não mais confuso
Não mais amado
Nem sonhado
Nem sentido

Como as idades tateadas em círculos
Do sulco profundo de cada alma

Tudo no intervalo,
Enquanto toca mais uma vez
Essa música que me fez te amar
E que agora me deixa confuso

LIFE COULD BE A DREAM

Imaginar não é como já ter vivido?

Todos dançam lentamente
Dão seus passos tímidos para o lado
E esperam que a música os arremate
Mas todos dançam sozinhos
Mesmo acompanhados
Ninguém pode escutar ou sintonizar
A música que toca em cada íntimo

A vida sempre promove um baile cego
Todos dançam com todos
Mas na verdade, ninguém dança com ninguém

Tente assobiar
E saberá que a felicidade é somente sua
Imperfeito, solitário e trágico

Mas o amor também dança em passo lento
Ele dita, mastiga e cospe
A partitura que você rege
Para tocar
A miserável sinfonia de cada um de nós

Um bojo forrado de cetim
Com enchimento de algodão
Cor vermelho sangue
Formato de coração

Não pulsa, não mexe, nem sente
Perfeito
É só abrir o peito
E substituir o que está partido

O amor é indigesto
Principalmente quando algo fica entalado na garganta
Como esse ar abafado de chuva
Que costuma oprimir quem enlouquece dentro de casa
Lento, venenoso, sufocante
Como se o quarto se impregnasse com as moléculas de solidão
Mas, com a maldição de um gás lacrimogêneo
Que ao invés de verter, seca os olhos

Um cair da tarde denso, pesado, cáustico

Uma vontade de derrubar o portão
E ficar de braços abertos na chuva
Um coração que bate disritmado
As pernas vencidas que conhecem
A inutilidade das ações

Lá fora, cai uma chuva ácida
Que corroe a alma
A cada barulho de pingo d`água

O amor que irriga o sangue dos homens
Vem misturado de respiração ofegante
Excesso de gás carbônico
O grito seco que também se prende à hemoglobina
Enjoa, enoja, causa ânsias

Uma gargalhada louca que poderia salvar as vidas
Se cala diante do cérebro que ainda recebe o oxigênio

Mas, quando esgotar todas as alternativas
Quando perceber que a vontade de amar
Vem disfarçada de seca
E que o desejo d`água é o único que pode
desvencilhar esse jogo de matar ou morrer

Quando na verdade a indigestão do amor
É um pedido de afogamento

Como suspensão do tempo de uma nuvem que anuncia tempestade
Como um dique que se rompe com a violência da força d`água
Como uma enxurrada que arrasta todos que amam ao rio abaixo
Mas com que propriedade?
Que força da natureza seria capaz de libertar
os prisioneiros de um sentimento tão avassalador?

Mas que temporal poderá salvar os homens que se afogam de amor?

Uma ponte psicológica
Outra ponte fisiológica
Meus sonhos psicografados
No rosto de alguém que ainda não conheci

Vi no espelho o meu rosto diferente
Do que vi na manhã de hoje
Um traço a menos
Uma linha que como sempre não consigo identificar
Há muito tempo perdi os olhos, o nariz e a boca
Em breve terei um rosto em branco

Assim, estarei pronto para procurar o meu rosto na multidão
Vagando sem parar
Parando em todos os becos

Mas como vou me reconhecer se já não me lembro do meu rosto?

Um sonho de encontro sobre duas pontes

As pessoas procuram a cara-metade
Eu procuro o rosto inteiro

Está tão tarde
Está sempre tarde
Mesmo tudo acontecendo adiantado, estou atrasado
Mesmo quando começa o horário de verão, estou atrasado
Meus julgamentos estão sempre atrasados
As pessoas eram boas até ontem, mas eu só vou perceber depois
de amanhã

Meus sentimentos estão atrasados
Percebi que amei uma garota só depois de anos
Mas o pior é que não sinto nada
Provavelmente, vou sentir aquela sensação de perda, atrasado

Até as minhas lágrimas estão atrasadas
Quando percebo que já não fazem mais sentido, elas começam a
rolar pelo meu rosto
Só depois que a última gota escorre, que começa a chover
Até Deus está atrasado

As minhas compreensões chegam atrasadas
Aquela percepção que mudaria a minha vida só chega quando
estou completamente patético imerso no cotidiano,
Quando estou preocupado em entender se esse sapato combina
com aquela calça

As minhas mulheres chegam atrasadas
Quando eu só quero me divertir, aparecem mulheres da minha vida
E quando quero encontrar a mulher da minha vida, só aparecem
aquelas que querem se divertir às minhas custas

Quando estou sensível, eles querem que eu assista ao jogo de futebol
E quando estou elétrico, querem que eu recite alguma poesia minha

Mas que diabo
Porque eu sempre chego atrasado no trabalho?

Durmo sempre tarde porque estou atrasado para o dia seguinte
Estou com medo de chegar atrasado até no meu enterro e ter que
pedir desculpas pelo meu atraso para as pessoas que estão me
esperando

E você chega sempre atrasada
Me ama quando estou de saco cheio da sua estupidez
E me odeia quando eu percebo como você é gentil e bonita

Tudo está atrasado
Só falta aquela piada de mau gosto de você me dizer:
    — Ainda não desceu. Está atrasado.

As histórias chegam atrasadas
Encontros são atrasados
Até a minha idiotice é atrasada
O pior de tudo isso é que o meu relógio está adiantado
Sempre fico esperando e pensando como as pessoas também estão
todas atrasadas
Só que pensar nisso é um atraso de vida
Não melhora em nada a minha atual conjuntura financeira, traba-
lhista, existencialista e, sobretudo, sentimentalista

Mas de repente você aparece e tudo muda
Abre um sorriso e diz que o dia foi ótimo
Me beija com convicção de amor
E me faz sonhar apesar do meu sono atrasado

Para ficar completamente feliz
Só falta você me acordar amanhã de manhã aos berros:
    — Acorda, você está atrasado!

Comecei a viver furiosamente
Como o trem que não para em estação nenhuma
Parei de solicitar as paradas e resolvi ir em frente
Custei a ver o seu rosto nas curvas
Por que sempre viajamos em cabines diferentes?
Por que sempre fico olhando pela janela procurando a mim mesmo?
Eu queria correr pelos corredores pulando de vagão em vagão
Queria esticar os meus braços para derrubar as taças de vinho
Ser xingado de louco e escapar dos funcionários do trem
Será que você sorriria pra mim?
Será que você esticaria a sua perna para derrubar o meu perseguidor?
Será que você aceitaria a minha mão para fugirmos juntos?
E quando chegarmos ao último vagão
Você seria capaz de deixar tudo pra trás?
Seríamos capazes de pular do trem?
Em que espaço do tempo veríamos os trilhos passando diante de nós?
Em que velocidade nossas vidas passariam diante dos nossos olhos?
Viveríamos ou desistiríamos?
Tocaríamos o sino para que tudo e todos saíssem da nossa frente?
Com que ternura nos olharíamos em cumplicidade ao nosso destino?
Naquele instante em que tudo para, você seria capaz de compreen-
der tudo o que os meus olhos dizem?
Será que você aceitaria viver para sempre saltando de trem em
trem, vivendo sempre furiosamente?

RECEITA

Alguém me vê uma receita, porque estou doente
Será que algum doutor de alma caridosa poderia me dar uma
receita, por favor?
Não sei ao certo o que sinto, só sei que não me sinto bem como
me sentia antes
Meus amigos dizem que estou assim desde que ela partiu
Mas acho que não, o vazio que sinto é muito maior
Escolhi a bebida como o anestésico
Mas agora preciso de uma receita de verdade

Doutor, me diga o que tenho, pelo amor de Deus
Desconfio que o meu coração está partido e agora não sinto
mais nada
Diga-me, por favor, se eu tenho a cura
Desconfio que já estava doente antes dela partir
Diga-me onde encontro o tal do remédio
Aí, doutor, não brinque assim comigo
Se não tem cura, diga-me logo e não me deixe sofrendo

Doutor, não fique acanhado para dizer a verdade
Que não há remédio que possa curar quem sofre de amor

Um pulso
Dois pulsos
Três sentidos
Tato de cabra-cega
Tique-taque de relógio

Uma veia
Duas artérias
Três corações
Caco de vidro
Cinco linhas de sangue

Um, dois, três
Tudo de uma vez só
Ainda faltam dois sentidos entre a vida e a morte

O amor vai partir você em dois
Irreversivelmente, na virada da esquina você vai se partir em dois
Você quis perguntar por que é sempre a mesma despedida
Você quis perguntar por que sempre chove no último encontro
Você quis saber do fundo do coração se desta vez também vai
sobreviver

Tropeçar na sua própria perna
A chuva não deveria molhar o que está seco?
Mas o que sobra depois que você se parte em dois?

Você pisa com força na sua imagem na poça d'água
Você vai ter insolação no meio da tempestade
Mais uma vez você vai esquecer o caminho de volta para casa

Um trem invisível vai dividir você em dois
Você vai implodir mais uma vez
Eu sei, você é das pessoas que implodem ao invés de explodir

Sorria
Se puder
Você sabe
Em breve, muito em breve
O amor vai partir você em dois

Cante aquela canção com que você me despediu
Cante aquela canção alegre que você cantou chorando
Mostre novamente a mão trêmula que você levou ao rosto porque
não agüentou

Meu coração partiu alguns dias depois
Quando alguma coisa banal deu errado
Eu me arrastei por anos a fio fingindo que estava vivo

Como nos encontramos?
Como você veio parar aqui?
É a mesma almofada que você gostava
É o mesmo pôster que você detestava

Se soubesse que ia te encontrar, eu teria riscado meu pulso ontem
Agora tudo que posso fazer é abrir a janela e deixar a fumaça do
cigarro escapar

Eu quero ser um gás nobre
Aquele que sobe e não se mistura
Pode ser um hélio, apesar de comum
Mas a minha pretensão é subir na tabela periódica
Argônio me lembra mitologia grega
Ou será celta?
Na verdade, não quero ser tão sisudo
Criptônio me lembra super-homem
Talvez não demonstre tanta maturidade
Xenônio lembra farol de carro de luxo
Não, não quero ser ostensivo
Radônio, mas que diabo é isso?
É o último da família, parece importante demais
Quer saber? Pode ser qualquer um
Só de ser resumido em duas letras
Uma maiúscula e uma minúscula
Alto e baixo, sobe e desce
É mais leve que o ar e autossuficiente
Definitivamente, eu quero ser um gás nobre

CIRQUE DU SOLEIL

A caminho do sol
Segue o circo
Com a sua banda e alegres palhaços
Elefantes, tigres e macacos
Atirador de facas afia suas facas
Enquanto a mulher barbada ajeita sua longa barba
Senhoras, senhores
Bem-vindo ao mundo do circo
Venha ver o zoológico da vida humana
Por favor, sorria, divirta-se
Aqui nada é ilusão
Cuidado para não se apaixonar pela bailarina
Você ainda não está preparado para descobrir a verdade
Domador e leões
Homem e corda-bamba
O único que pode chorar aqui é o palhaço
Balas, amendoins e algodão-doce
Quanto custa uma volta na roda-gigante?
Ou você quer andar em círculos na montanha-russa?

Se você está cansado de imitar a vida
Siga o circo no caminho do sol
Aqui você pode viver ao invés de imitar

DESCONEXO

Vence o sono feito torpor
Aqui vai uma ocupação que me faz esquecer quem sou

Como esvair da consciência
O cotidiano me preenche
Fico preocupado não sei do quê

Tudo passa sem se dar conta
Nada que faço justifica quem sou

Ninguém projeta sombra

Onde estive livre ultimamente?

Fumaça, fumaça, feito tempo
Onde vendo minha alma que já não me faz falta?

LABIRINTITE

Um mês de cama
Uma doença de enlouquecer
Labirintite

Perdido como Teseu
Mas o rei desta terra não é o Minotauro?

A minha espada é a paciência
Talvez a arma que nunca tive

Aprender a vencer

Tomara que o Borges tenha razão
Que o Minotauro esteja esperando a morte

EU SEI DANÇAR

Uns tomam café, outros Prozac.
Eu tomo melancolia.
Tenho todas as chances de me sentir feliz mas prefiro ficar isolado.
Ninguém entende o meu motivo de ser infeliz.

Perdi o juízo, pudor e a paciência também.
Só o que me pega, às vezes é essa dose de autopiedade.
Mas hoje, nada me tira o prazer de ser hedonista.
Bebidas, músicas e mulheres.
Eu sei recitar Joyce, Baudelaire e Swinburn de cor.
Tenho a alma de Whitman e intenções de Hemingway.
E eu pego os versos emprestados de Bandeira.

Mas não importa. Hoje eu tomo alegria.
Aprendi a dançar na pista da vida.
Danço como ninguém a minha miséria.

Olha, aquela garota loira requebrando na pista.
Com seus olhos azuis e longos cabelos.
Tão Brasil!

Olha, minha imagem refletida no espelho.
Tão Brasil!

Já sofri muito de amor e de vida.
Por isso sinto como ninguém os acordes melancólicos de indie rock.

Uns tomam café, outros Prozac.
Eu tomo melancolia.
Tenho todos os sintomas de príncipe Hamlet
Menos a propensão para a tragédia
Por isso eu danço em todos os sentidos
Ninguém vai me tirar o meu direito de última dança

Eu danço sem par
Eu danço sem motivo
Eu danço alegre e triste
Uns brigam, outros casam.
Eu danço.

Quanta alegria!
Hoje sou hedonista.
E eu sei dançar.

O PESO E A MEDIDA

Qual é o peso da alma?
Leve, pesado ou médio?
Qual é a medida do homem?
Pequena, média ou grande?
Qual é a essência d'água
Que faz um punhado de algodão pesar?

Com que intensidade a vida deve ser vivida?
Fraca, média ou forte?

Que balança poderá equilibrar o amor e o desejo?
Que régua poderá pesar e medir o certo e o errado?
O que poderá pesar e medir a incerteza da nossa existência?
Mediria a vida em passos
E pesaria realmente o amor em balança?

Será que você seria imprudente o suficiente para determinar
O peso e a medida exata de tudo o que somos?

Alguma peça se soltou do meu coração
Antes de partir em mil pedaços
Alguma coisa se soltou
Mesmo porque depois de juntar tudo
Algo não se encaixa
Será que foi na montagem?
Ou foi culpa da minha mãe?
Será que o meu pai tinha uma doença escondida?
O fato é que sofro de tempo em tempo uma pontada
Algo não se encaixa
Algo me escapa
Algo não consigo explicar
Mas afinal, o que escapou?
Juízo? Amor-próprio? A minha essência?
Será que foi roubado?
Será que alguém encontrou e jogou no lixo?
Será que foi dissolvido?
Será que um transplante resolve?
Resolve nada
Depois de algum tempo, algo vai se soltar

O meu coração tem uma peça a menos

VENTRILOQUISMO

Eu odeio dirigir na chuva
Porque não consigo andar devagar
Porque quando me sinto inseguro,
Sou desastrado

Odeio a sensação de não enxergar para onde estou indo
Tenho medo de caminhar no escuro

Eu que sempre me achei forte
Odeio descobrir que tenho medo da morte

E o farol amarelo piscando?
Devo parar ou continuar?
O que vem do outro lado?
Será que algo vai me atingir em plena travessia?
Regras, sinais, placas e direzes
Devo obedecer ou encarar o desafio da morte?
Na verdade, algo sempre me impede de voar
É quando lembro que sou apenas um homem
Dirigindo na chuva
Diante do deus do tempo todos os meus argumentos desaparecem
Tudo se resume no brecar ou acelerar
Estúpido como a condição humana
Se coloco uma música para tocar
Sou hedonista
Se eu acelerar, sou suicida
Se eu brecar, sou medroso
Afinal, o que eu sou?

Mas se de repente, parar de chover
Fica tudo adiado até a próxima chuva
Quando eu descubro que tenho medo da morte
Aí vou dizer novamente:
Eu odeio dirigir na chuva

A noite me dissolve no anti-horário
Remédio singular de uma nota só
Guarda-pó cintilante de surda desarmonia

Um adeus de pulso cheio
Coração de caco de vidro

Sem querer
Um sinal de vida

Um ponto de táxi à meia-noite

Fumaça engarrafada piscando insistentemente

Farol apagado por força de vontade
Mulheres escuras com sexo de fora

Mais um dia de voltas indecisas
Indicativo de dias de chuva

Amor, amor, amor
Em que estação costumo me molhar?
E se, ao invés de me dissolver, me esmagasse?

A minha densidade não é à prova d'água
No meu dedo não cabe mais nenhum compromisso
E a minha mão só é capaz de um gesto

Adeus, eu disse à minha sombra
Se o crescente sol incidisse em minha cabeça
Talvez poderia viver o meu instante de solidão absoluta

Se ao menos eu deixasse de notar
O que me prende à Terra são os meus pés
Gravidade. Mentiria a minha vida de pernas pro ar

Eu rodopiaria na ausência de sentidos
Sem saber que caminho na corda-bamba

Mais um gole de bebida amarga
Assim vou me afogar
A minha densidade não é à prova d'água

TANGO

Coloque-me em movimento
Jogue-me para longe
Dê-me um andar de bêbado
Faça-me capengar
Quero uma vida de joão-bobo

Cair, levantar, tropeçar e sucumbir
Apoiar de joelhos
E um pulo de mola
Coloque-me em movimento
Arremece-me para longe

Deixe-me rolar pelo chão
E correr sem parar
Não deixe que as minhas lágrimas me alcancem

Toque-me a música
Dê-me uma lembrança
Dê-me uma intenção
Dê-me algo que possa levar na minha memória
Pode ser uma mentira, uma frase recortada ou um sentimento
passado
Dê-me um motivo para que eu possa entrar em movimento

Balance-me
Sacuda-me
Bata-me
Despreze-me
Quero correr em direção à vida
Três passos rápidos e um lento
Posso cair no chão
Mas ainda posso correr até você

Remova todos os meus pensamentos
Vou deixar o ritmo da música guiar os meus pés
As minhas mãos, o meu coração e a minha vida
Vou dançar como quem não tem escolha
Vou dançar como quem não pode resistir
Vou dançar como quem não pode entender
Vou dançar como quem está pronto para a vida

Levante a cortina
Que eu estou pronto
Você vai ver, vou transformar a minha vida em belíssimo espetáculo
Agora tenho a intenção
Tenho um sentimento
Tenho a minha miséria
Nada pode me segurar
Você vai me ver flutuar
Os meus pés já não precisam mais tocar o chão
Três passos lentos e um rápido
Você vai ver que nada me falta
Agora tenho a melodia
Tenho o ritmo
Tenho a música
Agora tenho a vida
Agora tenho a mim mesmo

Neste verão, vou seguir arco-íris de gasolina
Vou riscar todos os fósforos e deixar o meu coração sujo inflamar
Vou baixar a capota
Fazer o motor roncar
E deixar tudo pra trás

Bem-vindo ao fantástico mundo do escapismo
Tenho um carro com motor V8
Carburação dupla
Nada pode me segurar

Vou arrancar o retrovisor
Porque não quero olhar pra trás
Vou pisar fundo
Vou em direção à vida
Vou seguir o meu arco-íris

Viva Led Zeppelin
Vou deixar tudo pra trás
Sou deus da estrada
Vou fazer ventar

Neste verão, vou partir depois da chuva
Vou seguir arco-íris de gasolina

CORRENTE MARÍTIMA

Um nome sempre pavoneia os lábios
Sal, vento, a mistura da noite
Sombra feito amor
Todos os cabelos que oscilam como o mar

Junte os cachos e balance gentilmente
Como Deus faz esta noite

À mil distância das estrelas apagadas
Vozes nunca ouvidas de um lamento sonoro
As ondas que se partem como renúncia

Quando o coração verbalizar o sentimento
Crescente lua que ilumina esta noite
Transbordar o seu vestido de esperança refeita

Todas as noites de dias repetidos

Quem bordará a nossa miséria da separação?

As linhas separadas e retalhos de seda
A cada dedo de promessa do meu orgulho perdido

Um gesto de içar as redes
De quem costura furiosamente os destinos que
não podem ser unidos

Mais um punhado de estrelas
Um brinde de descanso às ilhas da incerteza
Universo inteiro cravado no seu vestido

Estenda sua mão e tente alcançar
O profundo segredo das suas tristezas

Este livro foi composto com a fonte ITC Slimbach,
pela Devir Livraria Ltda. e impresso pela PROL Editora
e Gráfica, capa em papel Couche Fosco 150g/m², miolo
em papel Chamois Bulk 90g/m², na cidade de São Paulo,
publicado em julho de 2010.